GUÍA DE LA VIDA

(ENSAYO)

AUTOR: CHECO MORA

2016

Dedicatoria:

Esta publicación está dedicada a mis hijas: María del Carmen, Blanca Luz y Karla Ivette, así como a mis nietos: Emilia, Romina Paola, Isabela y Allan Aarón.

Es con el fin de que encuentren la luz, que los guíe por la vida y que tengan menos tropiezos que el autor.

Contenido

1 – PRESENTACIÓN

Este ensayo, no pretende que se considere como un dogma que se deba seguir a fuerza, únicamente pretende externar una inquietud.

Que se derivó de la observación del autor, además del conocimiento de casos, de personas y de un resumen de sus problemas.

Y como analista, se realizó un diagnóstico de las situaciones problemáticas y se definieron las posibles soluciones para dichas problemáticas.

Es importante comentar que se tienen bien definidos los problemas, así como sus causas y sus efectos.

Este diagnóstico y la detección de problemática, así como las posibles soluciones, pudieran ser aprovechados hasta por alguna organización, aunque sea de iniciativa privada, o alguna ONG, que bien podrían establecer las medidas correctivas para esta problemática, que representa una falla en nuestro sistema de convivencia.

Así como   Para nuestro futuro.

Checo Mora

2 -PRÓLOGO

Este documento no es un tratado de sicología, sin embargo, tiene mucho de los estudios de campo realizados por el autor, quien tiene estudios de administración de empresas y estos le permiten manejar la sicología industrial que principalmente se enfocan en la sicología conductual, o sea la conducta de las personas y como tal, el autor echó mano de sus observaciones y realizo, un planteamiento que lo llevo a realizar este ensayo, el cual tiene buenas aportaciones.

Karla Ivette Mora C.

GUIA DE LA VIDA

(ENSAYO)

AUTOR: CHECO MORA+

3 - QUIENES SOMOS

En la historia de la humanidad, a lo largo de los siglos los hombres sabios, siempre se han preguntado "¿De dónde venimos, Que hacemos aquí, y a Dónde vamos?", sin embargo la mayoría de las personas no tienen esas "inquietudes", no les interesa, no quieren saber, no pueden o nunca se han puesto a pensar en ello, y hasta para algunos es malo tenerlas, se conforman si alguien a quien consideran más preparado en esos renglones, les dice quiénes somos y se abandonan a su suerte y dejan que la vida los lleve como hojas al viento y que otros decidan por ellos, lo que han de hacer en la vida, como deben de ser, cómo deben vestir, como deben hablar, lo que deben comprar, usar y hasta como deben educar a sus hijos.

Pocos son los que se preocupan por darle un rumbo a su vida, y que con arranques de algún resquicio de inquietud, logran vislumbrar dónde y cómo deben de informarse con temas adecuados como seria, el "cómo y qué" es lo que debe hacer para auto-controlar su vida.

"Todo humano es libre de definir su propia vida y ser el amo de su propio destino. Si niega o ignora este privilegio, será esclavo de otros y estos moldearán su destino en forma positiva o negativa".

4 - RECURSOS

El mundo está en manos de quienes se preocupan por lo anterior, ellos saben, que es necesario controlarse y controlar sus recursos, conocen las técnicas, porque son técnicas y hasta se podría decir que son un arte, saber cómo controlar, administrar y optimizar sus recursos, cuesta tanto obtener dichos recursos en estos tiempos, que es necesario atesorarlos, guardarlos para usarlos cuando sea necesario y algunos no se pueden atesorar.

5 - COMPETENCIA

En la vida, si no se nace predestinado, se tiene la imposibilidad de adquirir recursos como a uno le gustan, en una sola generación.

La competencia es cada día más dura, en los espacios privilegiados del mundo, cada día se ve únicamente a los más capaces, estos son los que sobreviven y viven bien, los demás se pierden en las sombras del montón de humanos que no obtienen lo mejor de este mundo, en todos aspectos.

La competencia se inicia desde el seno materno, donde surge una pregunta: ¿Quién nos da la vida? ¿Acaso la madre? O ¿El padre?, pues no, ninguno de ellos, la vida nos fue obsequiada desde el inicio de la especie humana y de ahí en adelante, el padre es quien únicamente la "trasmite", para que la madre le provea de un cumulo de células que en un mecanismo natural, van formando órganos y al final, el ¡Cuerpo Humano!; lo anterior se constata cuando al microscopio vemos células espermatozoides, las vemos moverse, y todas, ¡ya tienen vida! La vida ya está en todas ellas, ¿Cuantas serán en una gota?

Imaginemos la competencia que se tiene que establecer para que únicamente una sola célula (en situaciones normales), tenga la fortuna de llegar a tener la posibilidad de convertirse en ser humano, así pues antes de nacer, ya competimos en una macro-olimpiada y ganamos, somos unos triunfadores sobre millones de aspirantes, y desde el momento en que estás leyendo estas líneas, tienes el derecho de auto-nombrarte triunfador de esa macro-olimpiada.

Así el ser humano por definición es competitivo, desde antes de nacer.

6 - EN BUSCA DE AYUDA

El ser humano es muy complejo en su composición, tanto biológica, como mental e intelectual y ya no digamos espiritualmente, para no complicarnos la vida, es como un mecanismo que obedece a ciertos principios naturales, y uno de estos principios y que se considera uno de los más importantes es el de la "causalidad" que viene de causa, es el principio de causa-efecto, es decir, que toda conducta, problemática o situación en la vida tiene un "porqué"(causa) y por consiguiente una "consecuencia" (efecto).

Así entonces vemos personas con problemas, considerados por ellos muy "grandes" que aparentemente no tienen solución, con una ubicación en la vida como un callejón sin salida y ellos están incapacitados para saber "qué pasa" y se preguntan ¿por qué a mí?, ¿por qué yo?, ¿quién es el culpable? y voltean para arriba y para otras partes buscando quien les ayude, quien les resuelva su problema, y es cuando salen los "Salvadores" y les dicen dos o tres fórmulas, que los ayudan a medias, cuando menos les brindan consuelo y les dan el soporte, como cuando eran infantes indefensos, y acudían a la Madre para que les resolviera sus situaciones en la vida, que para ellos en ese entonces, eran todo un problema, y de esta relación lo único que consiguen es una dependencia que muchas veces es más nociva que la problemática en sí , pues le aumentan a la visión del problema, el punto de vista del "Salvador" el cual también trae su carga de problemas personales.

Y cuando infante la madre fue su salvadora y claro que también le impuso su sello personal a las soluciones que le recomendó.

Los problemas que se nos presentan a los humanos, no son pequeños, tanto que no nos significan ningún esfuerzo en su solución, y tampoco tan grandes que nos aplasten sin posibilidad de saber que fue lo que pasó, los problemas que afrontamos son un poquito más allá de nuestras posibilidades, esto con el fin de que crezcamos y a la vez podamos aportar a otros la posibilidad de solucionarlos con nuestro esfuerzo.

7 - DEPENDENCIA

Analizando el papel que juega la madre con un recién nacido, cuando un nuevo habitante de este planeta se incorpora a este "Accidente Universal", es esencial; el único ser que se da cuenta de su arribo en primera instancia, es la mujer, esa persona que puede tener muchos defectos o virtudes como cualquier ser humano, pero al fin y al cabo, va a ser la "guía" de ese nuevo habitante, el cual va a luchar indefenso contra un nuevo ambiente desde el seno materno, que le brinda la comodidad de resolver los problemas que se le pudieran presentar en su nueva habitación, desde que no es más que una milésima de materia, hasta irse convirtiendo en todo un complejo conjunto de sistemas y subsistemas funcionado con fluidos de líquidos y gases, amén de otros más sólidos como una estructura para soportar los nervios tensores, músculos y una cubierta que de momento está protegida y otros instrumentos más, que son los que lo alimentan de información y que recibirán todos los estímulos directos para ingresarlos a su procesador de información, en este la información se asimila gradualmente a su capacidad, información que le llegó de trasmano por los sistemas conductores de alimentación de la Madre, está información va siendo procesada, sin que se tenga de momento un marco de comparación, ¿con que la compara? Sus archivos de memoria están de momento vacíos, desde el punto de vista material.

8 - INFORMACIÓN

En este estado la Madre es la única que hasta el momento se ha preocupado por proporcionarle y hasta inconscientemente, la percepción del mundo exterior, desde ahí empieza el nuevo ser a tener la traducción de su guía de toda su vida inicial en este mundo, desde ahí se van formando los archivos mentales, que van a contener la información clasificada en forma de memoria, a la cual acudirá cuando se le presenten las situaciones en la vida y el las deba analizar, clasificar y resolver para su fortuna o desgracia, todo dependerá de que guarde y cómo lo guarde, que contenga su archivo de memoria y cómo se le enseñe a interpretar los estímulos externos, que de momento serán únicamente impresiones, sensaciones, como la interpretación del ingreso de los fluidos glandulares al torrente sanguíneo de su cuerpo, como la adrenalina o la bilis entre otros.

9 - PRIMER PROBLEMA

En ese estado de "paraíso terrenal" se encuentra el nuevo habitante de este mundo, cuando en escasos nueve meses, se le presenta una "necesidad" imperiosa, salir, ¿salir?, ¿qué es eso?, ¿adónde?, ¿de dónde?, ¿por qué? o ¿para qué?

Este es el primer paso trascendental que se le presenta al humano, si sale a este mundo con facilidad, con preparación del sistema musculo-esquelético de la Madre, el alumbramiento será un acontecimiento feliz, que no le dejará huella traumática, como sería una cicatriz mental, el recordar mental o inconscientemente, que él nacer en este mundo no le fue fácil, que fue problemático, le será muy doloroso "acordarse" y por lo mismo, estará marcado con el sello amargo de la "bienvenida a este mundo".

10 - PRIMER CONTACTO

El primer contacto con los seres de este planeta viene siendo con la Madre, quien está reaccionando en el momento del nacimiento y él está sintiendo la causa principal de la reacción de este ser, en el momento de accionar el impulso intuitivo por salir, que le provoca a la Madre dolor, mucho dolor; o quizás fue un acontecimiento natural, que se espero con agrado y una preparación consciente, con el fin de dar la bienvenida a un nuevo habitante a este planeta, futuro de la humanidad y esperanza de un renacer.

Ahora, sí el alumbramiento es un nacimiento no deseado, un accidente, todo será de esta forma, en lugar de una bienvenida, habrá ¡rechazo y desagrado!, y si a eso se le aumenta la jerarquización y la preferencia de más manos para trabajar, que consideran al varón como único capaz de ayudar en la producción, y quien llegue a este mundo es una mujer, se complementa el cuadro de rechazó, y muchas veces ahí termina el contacto con quien debería ser guía en su arribo a este mundo, ya no se diga que pasa con alguien que se siente perdido y abandonado en un mundo extraño y hostil para su persona, sin la que debería ser su guía, sería una persona predestinada al fracaso en todos sentidos de la vida.

11 – PREPARACIÓN

Es necesario pues, prepararse para este momento, desde que se tiene una "posibilidad de ocurrencia" de un evento, es decir desde que se entera uno de la posibilidad de hacerse cargo de la vida de un nuevo ser, la responsabilidad del humano, es allegarse información y no esperar a que "alguien le diga" qué hacer y cómo hacerlo, recordar que esa información puede estar matizada por la forma de ser o entender la vida de esa persona.

Claro que es importante, conocer de experiencias de otras personas, y como resolvieron sus problemas en determinados momentos, aunque muy diferente a dejarse influenciar por estas.

En estos momentos es muy fácil encontrar mucha información en diferentes medios a manera de orientación, en los temas importantes de este renglón.

12 - REQUISITOS

Este mundo está controlado por principios naturales y uno de ellos es que: para que exista nuestro mundo, debe ser autosuficiente y parte de este principio es la "perpetuación de las especies".

Por esta razón, no vamos a esperar a que la naturaleza nos deje tener el permiso de nuestros Padres, o tengamos los problemas económicos resueltos; la fuerza de este principio es la que obliga a los salmones a nadar río arriba para procrear, es la que a las diferentes especies las hace convertirse en más atractivas para su pareja, la que hace a las avecillas cantar con hermosísimos trinos;   y para que se cumpla este principio únicamente existen ciertos requisitos, es como un rompecabezas, que cuando las piezas están armadas, se realiza el siguiente paso, que es solo una etapa en el ciclo de la vida, no es un acontecimiento único, que a alguien se le ocurrió, o porque alguien así lo quiso, o porque la fortuna le sonrió; es un principio, una ley natural, un "así debe ser", a la naturaleza le basta con que dos miembros de la raza humana (hombre y mujer, en su caso) estén aptos y en condiciones para procrear y es suficiente para la perpetuación de la especie, aquí opera otro mecanismo que es el magnetismo de personas (necesidad biológica en el hombre y necesidad sicológica en la mujer = amor) y quien complementa todas las piezas del rompecabezas, se arriesga a tener la fortuna y responsabilidad de ser guía de un nuevo habitante de este planeta.

13 - ALIMENTACIÓN, AFUERA

Tenemos pues, finalmente al nuevo habitante de este mundo, que ya arribó, ¿de dónde?

Primera incógnita, y su contacto normal, por su dependencia natural (por su alimentación), debe ser la madre, solo que a veces no es posible, y la empiezan a substituir en la alimentación que debería recibir de la madre en forma directa, por un instrumento frio y sin sentimientos que transmitirle (mamila); en cambio la madre le trasmite el alimento nutricional vía leche materna, también le proporciona el complemento de la traducción de los sentimientos, sensaciones y emociones, mientras están "conectados" en el momento de alimentarlo, todo lo que la madre sabe y entiende de este mundo, en palabras, en fijación de objetos y todo lo necesario para que este nuevo habitante sepa cómo manejar los instrumentos de percepción de estímulos del medio ambiente.

Con referencia a este tema, de la alimentación materna, es básica en la formación del organismo del bebe, tanto que le provee de vacunas para toda su vida, si, le da defensas contra muchas enfermedades, así sería con una guía responsable que está al pendiente de su crío. Como digiera una de mis hijas (luz) "atender a un bebe es trabajo de veinticuatro horas al día".

Y definitivamente existen inconvenientes en el exceso, ya que cuando una guía es descuidada o un poco floja, al menor chillido del crío, le tapa la boca con el pecho, la mamila o el chupón, en lugar de que se preocupe por investigar qué es lo que en realidad le sucede a su bebe; es ahí precisamente donde se les establece un habito muy negativo que va a desencadenar un mecanismo muy nocivo, y cuando esta persona este grande, cuando tenga problemas, recurrirá al habito de estimularse la mucosa de los labios, mínimo, de ahí los fumadores nerviosos, comedores compulsivos o los tomadores consuetudinarios.

Todo esto pudiera tener como un fin del individuo, ya grande, un cáncer de pulmón, una enfermedad de alcoholismo y por consiguiente cirrosis hepática y hasta una obesidad mórbida, con afecciones cardiacas.

Así de problemático pudiera ser el no atender adecuadamente las llamadas de atención de un crío.

14 - QUÉ TRABAJO

En el seno materno, no tenía trabajo relativamente, pero si nos fijamos, se dio a la tarea de ayudar a la naturaleza a construir sus sistemas orgánicos, así como su funcionamiento, claro está que era otro trabajo participativo, la construcción de su vehículo biológico y además no tenía las agresiones del medio ambiente, del clima, del ruido, sonidos, visones, manchas, colores, movimientos, artículos inanimados con peticiones de respuestas, en complicadas combinaciones que en ese entonces no alcanzaba a distinguir.

Por otro lado, después de su nacimiento, la piel que es toda una red de nervios sensitivos, recibe los estímulos que le envían desde el pañal, la cobija o algunos otros objetos, los cuales van a su centro de proceso de información.

Así empieza a almacenar información y la única responsable en ese momento mágico es la mujer, su guía, ella es quien le va a ir descifrando, interpretando y aconsejando como debe de entender los estímulos, las interrelaciones o agresiones de este mundo y sus complicados habitantes.

La guía le va a premiar con sus apreciadas caricias, su contacto afectuoso, por cada una de las reacciones que la madre considere positivas y le va a corregir y hasta a reprender; porque tiene el poder de agresión sobre él, por la desventaja en todos sentidos que muestra el nuevo habitante en esa simbiosis Madre-Hijo.

Es pues, el tiempo en que la madre tiene, oportunidad para aprovechar (estos preciosos momentos) y proporcionarle a su hijo los conceptos básicos de percepción de este mundo, conceptos como el bien y el mal, el dolor y el placer, lo agradable y lo desagradable.

Y si le da valores negativos, el hijo siempre andará buscando para vivir, los mismos y tendrá una concepción problemática de este mundo, y claro que si le diera los verdaderos valores adecuados en el lugar y tiempo en que se encuentre ubicado, este hijo será un verdadero humano con bases firmes para desenvolverse bien en el mundo y sus habitantes.

A cada paso que da este hijo va a buscar la referencia de quien "sí sabe qué hacer", en determinadas circunstancias y quien más que su Madre, esa mujer, su guía, quien le va a premiar y le va a animar para seguir adelante o le va a corregir y a reprender para inhibir la conducta nociva, a fin de que no insista en su empeño.

Así le queda grabado y queda marcado para su existencia, que alguien le puede ayudar cuando este en problemas; y si su Madre no le ayuda a ser independiente, a buscar las soluciones, a usar su banco de datos, sus experiencias anteriores, a referirse a casos similares, el "¿Qué pasó cuando tuve una experiencia igual?", ¿cuál fue?, ¿Qué puedo mejorar?, ¿cómo conseguir un resultado de acuerdo a lo que quiero?, si no tiene esa conducta integrada a su personalidad, deberá buscar por necesidad quien le proporcione ese complemento, que tanta falta le hace al humano para resolver la vida diaria.

15 - OTROS PROBLEMAS

El   nacimiento es una de las primeras situaciones problemáticas a que se enfrenta el humano, el segundo fuerte, sería cuando la madre deja de darle alimento de su cuerpo, el "destete", para ese entonces debieron haberle crecido piezas dentales que le ayudaran a romper y rasgar los alimentos que le proporcione su madre en combinación con alguna papilla y así complementar su alimentación; aparte de su primer trabajo que fue respirar y también comer, ¿Quién le enseña a mamar? ¿Simplemente a mamar y respirar a la vez?, estos mecanismos los debe traer su vehículo biológico vital.

Así, el mecanismo acondicionador: premio–castigo, lo conoce de su guía que lo usa para desarrollarlo, mediante el lenguaje corporal, que casi es como telepatía, se unen madre e hijo en una simbiosis de comunicación e interacción constante, las veinticuatro horas del día.

Normalmente así debería ser, pero a algunos humanos, les tocó la desventaja de no tener a su guía en esos momentos, de ahí que se les podrían diagnosticar algunos problemas conductuales, convertidos en resentimientos y algunas otras formas de externar su insatisfacción de necesidades en el momento que las requirieron, ¿Cuándo se les podría proporcionar esa satisfacción, en ese tiempo en que la necesitaron?, nunca y ¿cuándo van a terminar de recriminarle a la naturaleza, a los humanos, a la vida y al mundo el que ellos no y otros si las obtuvieron?

Así es de problemático el que una madre, una guía no esté con cada uno de los nuevos habitantes de este planeta, en los momentos más críticos e indefensos de su existencia.

Y muchas veces, esta guía pudiera haber sido educada con la punta del pie, así le trasmitirá los valores con los cuales va a decodificar todas las situaciones de su vida (véase masoquismo o sadismo), no se culpe a nadie más que a la mala crianza de los hijos, de las formas negativas de ser de ciertas personalidades, machos, manipuladores, perdedores o victimas perennes, todo el problema estuvo en la crianza y la formación que les dio la madre, ya que el programa vital y existencial, se forma en todos estos aspectos en los primeros meses de existencia, así quien le da estos elementos al nuevo habitante del planeta para la formación de este programa es principalmente la madre.

Esa es la preciosa labor, acompañada de una gran responsabilidad muy grande, que tiene únicamente la madre.

17 - MENOS DEPENDENCIA

Esta formado pues, el individuo, ya come prácticamente solo, pero con la con sabida dependencia de quien le prepara y acerca los alimentos, no puede ni siquiera seleccionarlos, para acceder a ellos y comerlos, en forma autónoma.

Es el momento en que intenta manejar sus propios recursos para independizarse un poco más, lo frena un mecanismo interesante, ya que intenta desafiar uno de los principios naturales de más trascendencia en el humano, la fuerza que nos hace permanecer en tierra, que nos da ese sentimiento de pertenencia, que nos tiene agarrados, que no nos deja ir al espacio, que nos tiene anclados a la superficie de la tierra, "la ley de la gravedad".

Primero intenta desplazarse a rastras, a gatas, pasando por una de las etapas de todo ser viviente, se sienta e intenta ponerse de pie, claro con la complicidad y ayuda de su guía natural, su madre y a base de premio-castigo (por las caídas) y los premios de la madre cuando ve que lo está logrando, le obsequia sonrisas o una palabra de aliento y aceptación, obsérvese que ya no son caricias físicas, ya son substitutos, desde lejos, usando ya no tanto el lenguaje corporal, sino el lenguaje oral, y aun así no se demeritan las caricias orales cobran tanto valor como las caricias físicas, tan necesarias para el sano funcionamiento del cuerpo de un recién nacido, como sería un contacto directo y constante con la piel de la madre, como si fuera una corriente eléctrica o una corriente de energía vital sicológica o de otra índole de como vibraciones, por medio de las cuales le diera un "porque" de su existencia.

Pues bien, cuando logra ponerse de pie y adquiere una de las características del ser humano, el estar erguido, viene lo interesante, la segunda ley que obedece nuestro planeta y todos los cuerpos de los sistemas planetarios, "la traslación", el ir de un lugar a otro sin ayuda, ahí es donde más tienen valor los alientos de la madre, le tiende los brazos, esas extensiones de la madre que le fueron tan útiles en su arribo a este planeta, se los extiende y le da la confianza y la motivación para alcanzarlos, y a veces los alcanza solo con dejarse caer, pero no es esa su intención, y lo que una de sus primeras necesidades le pide, así como también la motivación que utiliza la madre, para que lleve a cabo lo que le está solicitando, debe seguir intentando ponerse de pie y proyectarse a otro lugar del que ocupa entonces, a otro espacio y otro momento, para así obtener el tan apreciado premio que le otorga su madre, lo intenta, lo practica, lo animan y hasta que lo logra, es una algarabía, es un gusto, un placer inigualable, porque ¡lo logró! y obtiene el premio tan ambicionado, saborea las mieles del triunfo, conoce que es vencer una imposibilidad, que a escala es gran triunfo.

En este punto podríamos anotar que los individuos en su vida tienen necesidades muy variadas, que desde sus primeros años, por lo mismo es de mucha importancia que su guía les alimente con la satisfacción del mismo grado, como hemos anotado en los renglones anteriores.

En este tema podríamos respaldar nuestra propuesta con un trabajo del sicólogo Abraham Maslow, quien señaló en sus estudios, una teoría muy interesante, que calificó como «Psicología Humanista» la cual dio como resultado la «Jerarquía de necesidades de Maslow», la que se basa en una forma de una pirámide de cinco niveles, que va desde las necesidades fisiológicas hasta la autorrealización, del individuo.

En la base de la pirámide estarían las necesidades fisiológicas: respiración, alimentación, descanso, homeostasis y sexo. A excepción del sexo; estas son las principales necesidades que se deberán satisfacer al infante hasta su independencia.

En un segundo nivel estarían las necesidades de seguridad que incluyen: seguridad física, salud, moral, familia, recursos, etc. A este nivel son las necesidades que requiere satisfacer el individuo en su etapa de adolecente.

En el tercer nivel se presentan las necesidades sicológicas (afiliación): amistad, afecto e intimidad sexual. En este nivel le surgen estas necesidades al joven, recién salido de la adolescencia.

En el cuarto nivel se tienen las necesidades de reconocimiento: auto-reconocimiento, confianza, respeto y éxito. Y en este nivel, el joven mayor va a requerir cubrir estas necesidades.

Y en el quinto nivel se mencionaran las necesidades de autorrealización: moralidad, creatividad, espontaneidad, falta de prejuicios, aceptación de hechos y solución de problemas. Y en este último nivel donde se supone que el individuo (maduro) tiene cubiertas todas las necesidades anteriores, en forma constante y permanente, se avocará a cubrir todas sus necesidades de estética o de autorrealización.

Como se nota en el cuadro siguiente a cada nivel le corresponde una etapa del individuo.

PIRAMIDE DE NECESIDADES

DE ABRAHAM MASLOW

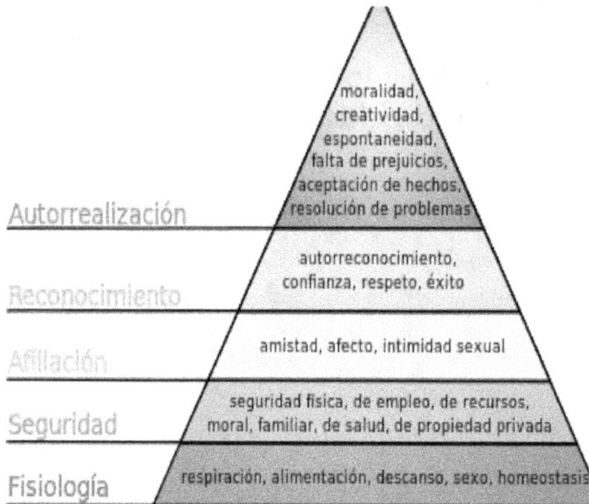

19 – Y, SI NO TUVIERA ¿QUIEN?

Y es necesario hacer una acotación aquí, las escenas que narramos en los renglones anteriores, son de una situación normal, y si fueran sobre a la carrera, sobre la marcha, con una madre que no tuviera un lugar donde estar tranquilamente, donde hacer su vida normal, que tuvieran que estar en la calle ajetreada, un mundo transitado por tantos y tantos humanos con sus cargas de problemas y que al menor pretexto los sacan a relucir y tratan de convertir cualquier situación en un ejercicio de catarsis; sería muy problemático para la formación normal de los valores motivacionales del individuo en que nos ocupamos; no obtendría los arrancadores de conducta adecuados, las caricias sicológicas requeridas en momento y grado para cuando las necesite, y las deba utilizar, en determinadas situaciones, se irá a hurgar en su archivo de experiencias y buscara ¿Qué se hace en caso de..? Y lo que va a encontrar será una expresión de: "vaya ya era hora" con cierta recriminación de: "eres un estorbo para la tarea"

Y ¿Qué les va a trasmitir a sus hijos, en su momento? Lo mismo, y así se forman legiones de gente sin sentimientos aplicables en tiempo y forma.

20 - REACCIÓN CAUSA-EFECTO

Analicemos otra actuación de este personaje, esta sería otra de las etapas del individuo, en las cuales queda marcado por la dicha o la felicidad; por la reacción que va a provocar su actuación, obsérvese que ya debe tener conciencia de que a causa de su actuación se provoca una reacción, que mínimo deberá ser de la misma proporción y de sentido opuesto, por lo cual agrega conscientemente a su saber y entender, el principio de causalidad: causa–efecto:

"A toda acción corresponde una reacción, recíproca y en sentido contrario".

El humano en su edad inicial es una esponja para absorber conocimientos, solo está observando y practicando todo aquello que aprende a usar, "no tiene otro trabajo" y es una etapa en la cual va agregando conductas en su forma de ser, en ese momento no sabe discriminar, le podrán decir que es bueno y que es malo; su madre le indica y la primer palabra que empieza escuchar es "no" y es la primera que aprende a ignorar, ¿Por qué?, porque ve que su guía y otros adultos, que para entonces ya los ubica, lo hacen y repetidamente, y él porque no, de tanto ver aprende los detalles más curiosos, y ve que provoca una reacción cuando realiza una acción, y aprende a repetirla para provocar esa reacción, es cuando aprende a manejar el mecanismo, de los hilos invisibles de la conducta humana (la manipulación), ya sabe qué hacer para provocar los tan ansiados premios (caricias sicológicas) y si su inclinación natural de aprendizaje le proporciona el gusto por lo agresivo, empieza a buscar, el provocar repetidamente esas conductas, y si su guía no está preparada para inhibir en su momento con reforzamientos de conducta en grado y en su momento, lo que hará será reforzar esa conducta negativa y la inclinación del individuo será cada momento más agresiva y cruel.

21 - CARACTER ROTO

También si su guía es impaciente, que en esos momentos de prisa y la falta de tranquilidad, es lo normal (en estos tiempos), se corre el riesgo de provocarle una reacción de "no intentarlo" porque puede ser doloroso, los castigos no se miden y son de mayor grado de lo que en realidad se debe, y la condición de indefensión en que se encuentra el individuo en ese momento (no pasa de un metro de estatura) para él todos, son unos monstruos en proporción, incluyendo a su guía, y cualquier amenaza o agresión, la siente de sumo grado ya que todavía no tiene un parámetro de lo que es un peligro de muerte o una medida correctiva, para él toda agresión le va a significar un peligro de muerte y es un principio de supervivencia lo que lo lleva a extremar precauciones, por lo mismo, deja de actuar so pena de recibir un reforzamiento de conducta muy desagradable para él.

22- CONSECUENCIAS DE LA AGRESIÓN

Por lo anterior mencionado, madres muy agresivas tienden a producir individuos con valores extremos, agresivos, ya que esos son los únicos valores que conocen, es la única manifestación de amor que se les proporcionó (sádicos), o también personas con un carácter demasiado precavido hasta tímidos son, también podrían al casarse, buscar quien les diera el amor tal y como lo conocieron en primera instancia, los cuales caerían en la clasificación de (masoquistas).

Estos son algunos ejemplos de muchas formas de ser, del ser humano, así como los "porque", tan complicado parece.

23 - LA DEFENSA DE LOS INDIVIDUOS

La mayoría de los problemas conductuales, pudieran tener su raíz si se les busca en estos cambios de etapa del individuo.

Afortunadamente la naturaleza tiene otro de sus mecanismos para ayuda del infante o cachorro en su etapa de indefensión, los dotó por igual, en todas las especies con un "alo de agrado", un carisma que se refleja en los adultos, principalmente en las mujeres y es en la madre natural que le provoca una necesidad de protegerlos, salvo en casos excepcionales que desafortunadamente no son pocos en estos tiempos.

24 - CAMBIO DE AMBIENTE

Otra de las etapas de la vida en que el individuo corre el riesgo de no tener una feliz adaptación, cuando ya come sólo o lo intenta, ya camina y se desplaza por donde él quiere ya tienen conciencia de la aplicación de la voluntad "lo que yo quiero hacer" y sale de su hábitat por su propio pie, va a otro ambiente con otros niños, como ir a la escuela, deja no sólo el seno materno, sino todo el ambiente mágico que rodea a la Madre, todo su primer mundo y el espíritu de aventura lo asalta, que ese es otro motivador que tienen muy despierto los investigadores.

En la escuela, muchas veces, si no se alimenta la curiosidad por saber qué es, qué hay, se puede tomar como un castigo, como un "no te quiero cerca de mí, porque me estorbas" y por consiguiente los resultados van a ser desastrosos desde su inicio y si no encuentra quién lo rescate de su desgracia todo el tiempo de estudios será un efecto multiplicador negativo para siempre y con no muy feliz resultado.

25 - DIFERENTES TRATOS

Así como en todas las etapas, no es lo mismo "ya no te voy a dar alimento de mi cuerpo, porque tienes un diente que me lastima y que es la causa de que te rechace" a con cariño y atención "debes aprender a comer de todo, hasta sólidos y empezamos con papilla" y por efecto natural, le encuentra más sabor a la variedad o también "debes aprender a caminar, que ya es tiempo y tú eres muy flojo" muy diferente, a una motivación adecuada con sus correspondientes premios y reforzamientos con ayuda y asesoría, u otra forma de agresión, "ya es tiempo de que hables, te está retrasando, creo que eres mudo y no me di cuenta", muy diferente a tener paciencia y con silabas simples y el conocimiento de las cosas por su nombre, en todo esto debe estar preparada la guía para ayudar a integrar al nuevo habitante, a este mundo.

26 - EDUCAR A LA GUIA

Es necesaria una educación muy completa en este renglón para las mujeres, sobre todo en la adolescencia, antes de que inicien su camino, en la vida adulta se deben preparar en su función natural de guías, ya que son las directamente responsables de individuos sanos, o lo contrario.

Claro que se podría entrar en una discusión de ¿por qué el hombre no? Claro que también le corresponde al hombre, parte de ser guía del nuevo ser, pero recordemos que el rol de dar de comer, los primeros alimentos durante mínimo seis meses (en una situación normal) y sobre todo alimentos proporcionados naturalmente del cuerpo humano, es de la madre, así como también, es la madre la que se da cuenta en primera instancia del arribo del nuevo ser a este planeta, y por otro lado, ella va a ser la encargada de: por función natural, proporcionarle albergue durante nueve meses (en situaciones normales) además de también, proporcionar todos los elementos para la fabricación de su vehículo biológico, el cuerpo.

Que es injusta y desbalanceada, la proporción del trabajo a realizar, se pudiera decir que si, afortunadamente le tocó a la madre este conjunto de funciones, no imaginamos lo que los hombres harían en su situación.

Al hombre en etapa adolecente, también le corresponde prepararse, ya que también tiene parte del trabajo, le corresponde proporcionar al pequeño ciertos valores: de trabajo (el cómo se hace...), honestidad (la propiedad y a quién le pertenece), lealtad (quién es, con quién está y a quién debe defender...) etc.

27 - EN LA PRÁCTICA

Cuando un individuo mide fuerzas y usa su poder, en la competencia diaria con otros niños, en la escuela, aprende y sabe qué lugar le corresponde en una escala de jerarquización natural de las especies, es ahí donde se ve el trabajo de la guía, (o guías) que tanto le ayudaron, y las armas que le proporcionaron, para defenderse del medio, cuánta información veraz le proporcionaron y todas las herramientas para su supervivencia.

"EL ÁRBOL SE CONOCE POR SU FRUTO".

28 – LA ADOLESCENCIA

Esta etapa tan confusa, de inseguridad, formación de mecanismos tan complejos de las hormonas, que le hacen tener esos cambios de temperamento, de humor, ganas de llorar, algunas veces o un carácter de los mil demonios, o principalmente se encierra en un ostracismo, que nadie le puede hacer salir del mismo, se siente incomprendido y solo, no confía en nadie, siente que es feo.

Todo esto porque empieza a cambiar, si crece en forma desproporcionada, que esto es un proceso normal, siente que la nariz le creció mucho, que las orejas se le agrandan y sus piernas así como su cuello están muy desproporcionados, ya no es el cachorrito que todo mundo veía con simpatía, además que sus hormonas le producen cambios bruscos, las jovencitas empiezan con la situación normal de "la regla" además de los cambios de figura, se les empiezan a desarrollar los senos y los jóvenes empiezan a tener problemas de erecciones incontroladas y hasta sueños húmedos, total para ellos en ese momento todo es un completo caos.

En ese estado, para ellos, todo es desagradable, y por lo mismo aflora en ellos una rebeldía completa para todo y contra todo, principalmente contra la autoridad representada por la madre, el padre, maestro o quien se ponga enfrente.

La escuela sería un distractor para su forma de pensar, una pérdida de tiempo a la cual irían únicamente para tomarla como club social con los amigos, con los cuales si, se sienten identificados y malamente, siguen sus malos consejos.

Y que podría ser lo que provoca, con una guía descontrolada, unos muy buenos pleitos, que terminarían en una ruptura para siempre y un trauma muy complejo, tanto para uno como para el otro, con un guía padre, también descontrolado, podría llegar a sacarlos de estudiar y solicitar que buscaran trabajo, o incluso correrlos de su casa.

Con unos guías comprensivos, sería muy diferente, para cuando llegaran a esa edad ya les habrían platicando desde hacia tiempo de los cambios que irían teniendo y lo que irían sintiendo y como deberían de reaccionar ante esas situaciones, (los guías también fueron adolecentes), por lo mismo no tendrían ninguna especie de trauma sicológico de esa edad tan problemática

29 - ÉPOCA DE PRODUCCIÓN

Ya sea por necesidad económica o por que requieren independencia, económica, inician el tiempo de producción, de cambiar su trabajo ya sea intelectual o físico, por un sueldo, habiendo terminado el tiempo de estudio, por un lado uno que si terminó una carrera universitaria, podría ser de un rango alto y así el sueldo, por lo mismo un futuro para él y sus descendientes, muy bueno.

Ahora, si tuvo una preparación escolar mala con puro desatino y además, con una infancia traumática, así como su adolescencia, como consecuencia de unos guías faltos de iniciativa o con problemas económicos o de vicios, su preparación para la vida, no va ser fuerte y va a tener una vida económica muy baja y ¿qué vida les espera a sus hijos?

Cuando llega el momento de que el individuo escoja pareja, también echa mano de lo que trae en el archivo del "que se hace en este caso..." lo que vio, lo que se informó y las aproximaciones que tuvo con anterioridad, le van a dar la conducta que va a externar, para buscar las caricias ya sustituidas de la madre, estas caricias se van sustituyendo gradualmente, por caricias sicológicas de saludo, reconocimiento, aprecio, aceptación, pertenencia y hasta por la competencia (cuando le gana a alguien) y por consiguiente de amor, todos estos premios, sustituyen a los de la madre que cada día está más lejos, hasta que se casa y solo tiene encuentros casuales con su "verdadero primer amor", su madre.

En su relación matrimonial, va tener la que vio con sus padres, ¿Cómo nos gustaría ejemplificar este matrimonio? Con todas las diferentes formas de trato o maltrato que tuvo el individuo en su formación, sus valores, sus arcos reflejos y todo lo que viene detrás,

31 – MADUREZ

En primera instancia analicemos la vida que llevará en la madurez el joven "profesionista" que pudo terminar una carrera universitaria, todo lo bueno de la vida lo tiene, su jubilación a temprana edad, disfrutando de la educación de sus hijos, quienes serán los que disfruten de una muy buena vida, de un muy buen nivel, disfrutaran de sus abuelos antes guías, y se pudiera decir que los abuelos disfrutarían de ellos. Claro en una situación normal.

Y del joven problemático, ahora maduro todavía buscando un trabajo donde colocarse en el cual acepten personas mayores y con problemas de salud, con una familia disfuncional, que no pudo mantener unida por los problemas económicos y de vicios, que en el nivel en que se manejo siempre ocurren.

Esto en cuanto a los jóvenes, y las mujercitas, ya maduras, que podríamos decir, algo muy parecido, un matrimonio bonito para una y para otra no, sin matrimonio o madre soltera, con el resentimiento contra la vida y otra vez vuelvo a empezar.

32 - CONCLUSIÓN.

Si quisiéramos mejorar la vida de los habitantes de una región, como un experimento de inicio, así como un plan piloto, es importante tomar en cuenta, el rol que juega la guía, en la vida de los futuros habitantes del planeta y darle la importancia que tiene.

Sabiendo que cuando las jóvenes están más preparadas, evitan los embarazos no deseados, a mayor preparación académica, son menos los embarazos no deseados, aquí se aplica la relación 80-20, es decir: si se tiene preparación del 80%, los embarazos no deseados se reducen al 20% y si la preparación es a un 20% los embarazos no deseados aumentan a un 80%.

Y también sabemos lo que trae consigo un embarazo no deseado: rechazo, molestias, frustración, pobreza, etc.

Se debería, establecer un programa para aleccionar a las jovencitas principalmente, y establecer una campaña rigurosa, a fin de darles a conocer, como en una proyección a futuro lo que va a ser de su familia futura (sus hijos) por las actividades que les esperan, y lo que pueden lograr bajo un régimen de una vida ordenada y sobre todo disciplinada.

Se dice que "nadie aprende en cabeza ajena" y aun así se podría darles a conocer algunas formulas para que en su momento las aplicaran y no se abandonaran a la desidia y la flojera.

Venderles la idea y los objetivos de una mejor vida para su futuro, el de sus hijos y el de la región en cuestión.

Tomado como modelo dicho experimento, se puede modificar el futuro de toda una nación.

Claro que se deberá empezar por las técnicas a aplicar en la formación de las mentes de las guías, los técnicos que las aplicarán y las instalaciones en las cuales se aplicarán.

Sería todo un plan general de formación de guías, de los nuevos habitantes del planeta, esperanza de vida y renovación, claro si se quisiera mejorar la vida de los habitantes de la nación en cuestión.

FIN

Autor: Checo Mora